VERKAUFEN MIT ÜBERZEUGUNG

DIE PSYCHOLOGIE DES VERKAUFENS

Einleitung

Selbst in einer Welt, die von fortschreitender Digitalisierung geprägt ist, bleibt die Kunst des Verkaufens eine zeitlose Fähigkeit, die tief in der menschlichen Psyche verwurzelt ist. Willkommen zu einer faszinierenden Reise in die Welt des Verkaufens mit Überzeugung – einem Buch, das sich der Psychologie des Verkaufens widmet.

Hier entfaltet sich vor Ihnen nicht nur ein Leitfaden für erfolgreiches Verkaufen, sondern auch eine Expedition in die verborgenen Facetten des menschlichen Denkens und Fühlens, die den Schlüssel zum Verständnis und zur Gestaltung erfolgreicher Verkaufsgespräche darstellen. Tauchen Sie ein in die Geheimnisse der psychologischen Mechanismen, die den Unterschied zwischen einem einfachen Austausch von Waren und einem überzeugenden Verkaufserlebnis ausmachen.

Einleitung

In diesem Buch werden Sie nicht nur Strategien kennenlernen, wie Sie Produkte oder Dienstleistungen effektiv präsentieren, sondern auch, wie Sie die Emotionen, Überzeugungen und Bedürfnisse Ihrer Kunden entschlüsseln können, um eine tiefgreifende Verbindung herzustellen. Bereiten Sie sich darauf vor, Ihr Verkaufspotenzial zu entfesseln und eine Meisterschaft in der Kunst des Überzeugens zu erlangen. Willkommen zu einer Reise, die nicht nur Ihre Verkaufstechniken revolutionieren wird, sondern auch Ihr Verständnis für die Psychologie des Verkaufens auf ein neues Niveau heben wird.

In diesem Buch gehen wir über die oberflächlichen Taktiken hinaus und erkunden, wie die menschliche Psyche tiefgreifend in den Entscheidungsprozess beim Kauf eingreift. Durch das Verständnis dieser psychologischen Nuancen werden Sie nicht nur verkaufen, sondern regelrecht überzeugen können.

Inhaltsverzeichnis

-Warum Verkaufen mit Überzeugung wichtig ist-

-Ein überzeugender Verkauf geht über den Austausch von Produkten hinaus; er schafft Verbindungen, weckt Emotionen und hinterlässt bleibende Eindrücke.

In diesem Kapitel beleuchten wir die fundamentale Bedeutung des Verkaufens mit Überzeugung und warum es nicht nur für den Verkäufer, sondern auch für den Kunden von entscheidender Relevanz ist.-

-Warum Verkaufen mit Überzeugung wichtig ist-

In einer Welt, in der Produkte und Dienstleistungen in Hülle und Fülle verfügbar sind, wird die Kunst des Verkaufens zu einem entscheidenden Differenzierungsfaktor. Das bloße Anpreisen von Eigenschaften reicht nicht mehr aus; vielmehr geht es darum, eine emotionale Resonanz zu erzeugen, die den Kunden nicht nur zum Käufer, sondern zum loyalen Botschafter macht.

Der entscheidende Moment liegt oft nicht im Produkt selbst, sondern in der Art und Weise, wie es präsentiert wird. Stellen Sie sich vor, ein Verkäufer tritt mit Begeisterung vor, teilt nicht nur Informationen, sondern eine Geschichte, die den Kunden einbezieht. Diese lebendige Präsentation erzeugt nicht nur Interesse, sondern verankert das Produkt oder die Dienstleistung fest im Gedächtnis des Kunden.

Der Schlüssel liegt in der Fähigkeit, eine Verbindung herzustellen, die über den reinen Transaktionsaspekt hinausgeht. Kunden kaufen nicht nur Produkte – sie kaufen Lösungen für ihre Bedürfnisse, Träume und Probleme. Ein überzeugender Verkauf geht daher Hand in Hand mit dem Verständnis der psychologischen Dimensionen der Kunden. Durch das Erkennen ihrer Emotionen, Überzeugungen und Bedenken können Sie nicht nur Produkte verkaufen, sondern auch Vertrauen aufbauen und langfristige Kundenbeziehungen aufbauen.

-Warum Verkaufen mit Überzeugung wichtig ist-

Dieser Ansatz ermöglicht es, Kunden nicht nur einmalig zu gewinnen, sondern zu begeistern. Ein zufriedener Kunde wird nicht nur wiederkommen, sondern auch sein positives Erlebnis weiterempfehlen. Hierin liegt die wahre Kraft des Überzeugungsverkaufs – in der Fähigkeit, nicht nur Produkte, sondern Erfahrungen zu vermitteln, die über den Moment des Kaufs hinausreichen.

In den folgenden Abschnitten werden wir die grundlegenden Prinzipien des Überzeugungsverkaufs durchleuchten, angefangen bei der Analyse der psychologischen Grundlagen bis hin zu praktischen Techniken, die Ihre Verkaufsgespräche nachhaltig verbessern werden. Tauchen wir ein in die Welt des Verkaufens mit Überzeugung – einer Welt, in der der Schlüssel zum Erfolg nicht nur in den Eigenschaften der Produkte liegt, sondern in der Kunst, Menschen zu verstehen und zu bewegen.

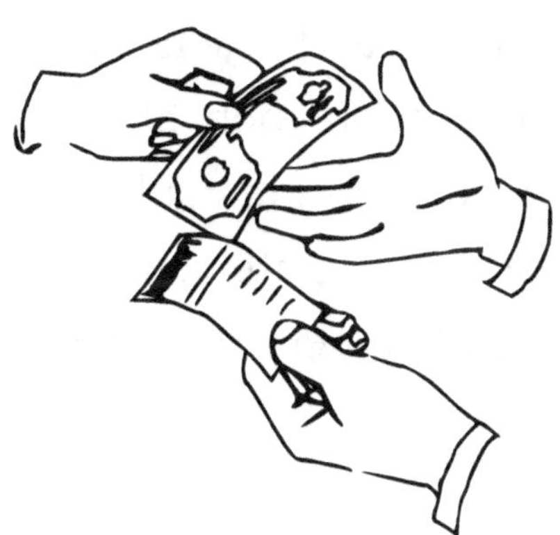

-Warum Verkaufen mit Überzeugung wichtig ist-

Die Essenz des Überzeugungsverkaufs offenbart sich in der Erkenntnis, dass Menschen nicht nur rationale Wesen sind, sondern auch von Emotionen und unbewussten Antrieben geleitet werden. Betrachten wir die Psychologie des Kunden als einen verborgenen Schlüssel, der die Tür zu langfristigem Erfolg im Verkauf öffnet.

Wenn wir tiefer in die Gründe eindringen, warum Verkaufen mit Überzeugung von entscheidender Bedeutung ist, erkennen wir, dass der Kaufprozess nicht nur eine finanzielle Entscheidung ist. Vielmehr ist er ein Akt, der tiefe Emotionen, Bedürfnisse und Sehnsüchte anspricht. Kunden suchen nicht einfach nach einem Produkt, sondern nach einer Lösung, die ihr Leben verbessert oder erleichtert.

Ein überzeugender Verkauf schafft eine Brücke zwischen dem, was ein Produkt bietet, und dem, was der Kunde wirklich will. Dies erfordert ein tiefgehendes Verständnis der psychologischen Dynamiken, die den Entscheidungsprozess beeinflussen. Von der Fähigkeit, die Sprache des Kunden zu sprechen, bis zur Kunst, Bedenken zu zerstreuen, sind es die subtilen Nuancen der Überzeugung, die den Unterschied zwischen einem Standardverkauf und einem unvergesslichen Erlebnis ausmachen.

Der Spiegeltest

1. **Präsentation** erzeugen Begeisterung, und wo könnten Sie möglicherweise Ihre Überzeugungskraft steigern?

2. **Emotionale Verbindung identifizieren**: Denken Sie an Ihre letzten Verkaufsgespräche zurück. Gab es Momente, in denen Sie eine starke emotionale Verbindung zu Ihren Kunden aufgebaut haben? Identifizieren Sie die Elemente, die dazu beigetragen haben, und überlegen Sie, wie Sie diese Verbindungen verstärken können.

3. **Kundenorientierung überprüfen**: Analysieren Sie Ihre Herangehensweise an die Bedürfnisse Ihrer Kunden. Sind Sie in der Lage, die psychologischen Aspekte ihrer Entscheidungsfindung zu berücksichtigen? Betrachten Sie Ihre Verkaufsgespräche aus der Perspektive des Kunden und identifizieren Sie Möglichkeiten zur Verbesserung.

4. **Ziele für zukünftige Überzeugungskraft setzen**: Basierend auf Ihren Erkenntnissen legen Sie konkrete Ziele für Ihre zukünftigen Verkaufsgespräche fest. Welche neuen Techniken könnten Sie einführen, um die Überzeugungskraft zu steigern? Formulieren Sie klare Schritte, um Ihre Verkaufsstrategien zu verfeinern.

Der Spiegeltest

Nutzen Sie diese Selbstreflexion als Brücke zwischen der theoretischen Grundlage dieses Kapitels und deren praktischer Anwendung in Ihrer eigenen Verkaufsrealität. Der Weg zum Überzeugungsverkauf beginnt nicht nur mit dem Verständnis der Psychologie des Kunden, sondern auch mit der kontinuierlichen Verbesserung Ihrer eigenen Fähigkeiten und Techniken.

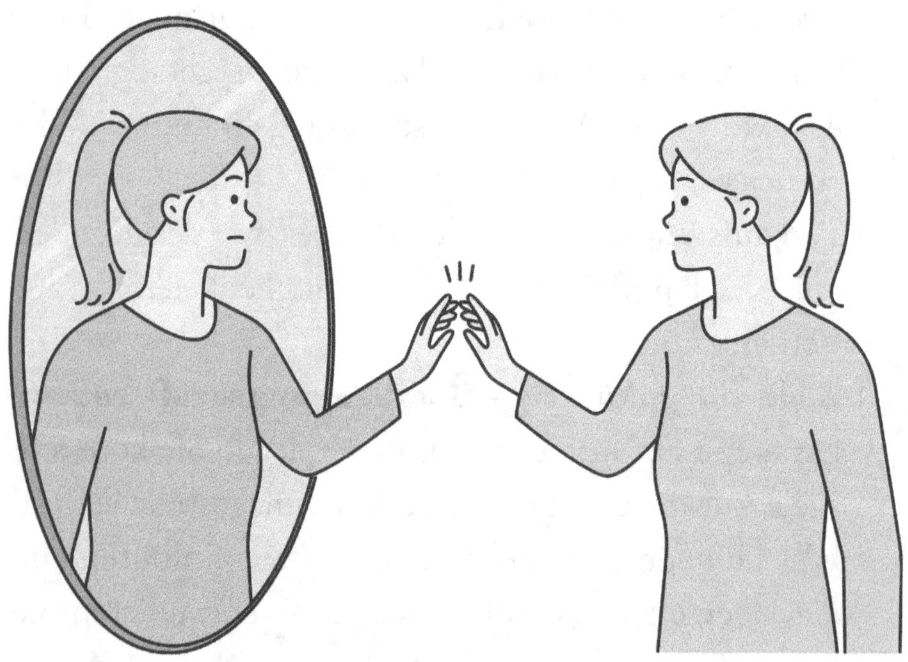

NOTES

"One step at a time. You'll get there."

Bedeutung der Verkaufspsychologie

Verkaufspsychologie ist weit mehr als nur eine theoretische Betrachtung – sie ist der Schlüssel, der die Tür zu erfolgreichen Verkaufsgesprächen öffnet. In diesem Kapitel werden wir tief in die Gründe eindringen, warum die Kenntnis der psychologischen Aspekte des Verkaufs nicht nur wünschenswert, sondern unerlässlich ist.

Die Verkaufspsychologie bietet einen Einblick in die komplexen Denkprozesse und emotionalen Zustände, die den Kunden während des Kaufprozesses beeinflussen. Beginnen wir mit der Analyse der grundlegenden Prinzipien, die die Verkaufspsychologie formen.

Die Macht der Wahrnehmung im Verkauf ist immens. Kunden sehen nicht nur Produkte, sondern interpretieren sie durch ihre individuelle Brille. Hier spielt die Psychologie eine entscheidende Rolle – vom ersten Eindruck bis zur Interpretation von Produktmerkmalen. Ein tieferes Verständnis für diese Wahrnehmungsprozesse ermöglicht es Ihnen, Ihre Präsentation gezielt zu gestalten und potenzielle Unsicherheiten der Kunden frühzeitig zu adressieren.

Bedeutung der Verkaufspsychologie

Ein weiterer entscheidender Aspekt ist die Rolle von Emotionen im Kaufverhalten. Menschen treffen Entscheidungen oft aufgrund von Gefühlen und nicht nur aufgrund rationaler Überlegungen. Die Verkaufspsychologie hilft dabei, die emotionalen Triggerpunkte der Kunden zu identifizieren und geschickt in den Verkaufsprozess zu integrieren.

Bevor wir uns den konkreten Strategien zuwenden, um diese psychologischen Erkenntnisse anzuwenden, betrachten wir die Grundlagen der Verkaufspsychologie genauer. Von der Bedeutung des ersten Eindrucks bis hin zur Beeinflussung von Entscheidungen durch soziale Dynamiken – wir werden die Bausteine erforschen, die die Grundlage für eine erfolgreiche Anwendung der Verkaufspsychologie bilden.

Der Erste Eindruck: <u>Psychologie des Auftretens</u>

Der berühmte erste Eindruck ist nicht nur eine Floskel, sondern ein Schlüsselprinzip der Verkaufspsychologie. In diesem Abschnitt tauchen wir in die Welt der nonverbalen Kommunikation ein, analysieren Körpersprache und Mimik und enthüllen, wie diese Faktoren den ersten Eindruck formen. Wir werden auch Strategien entwickeln, um sicherzustellen, dass Ihr erstes Auftreten nicht nur positiv wahrgenommen wird, sondern auch langfristig im Gedächtnis bleibt.

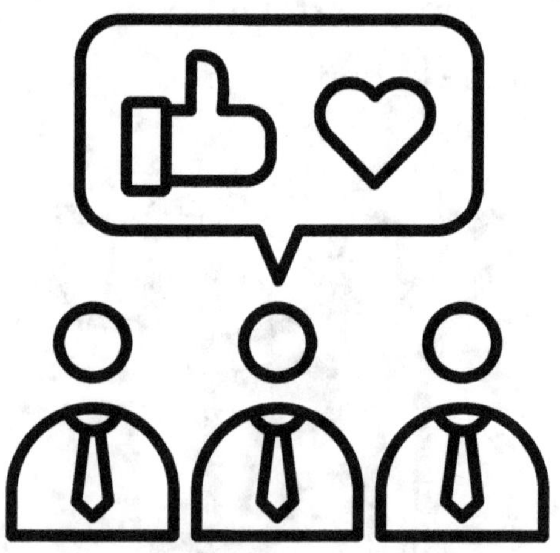

Der Erste Eindruck

Verständnis der Nonverbalen Kommunikation:

Die Sprache ohne Worte

Beginnen Sie mit einer vertieften Auseinandersetzung mit nonverbaler Kommunikation. Ermuntern Sie sich selbst oder Ihre Verkaufsteams dazu, Experten im Lesen von Körpersprache und Mimik zu werden. Workshops, Seminare oder Online-Ressourcen können hierbei hilfreich sein.

Praktische Anwendung durch Rollenspiele:

Die Theorie in die Praxis umsetzen

Die Theorie allein reicht nicht aus; sie muss in die Praxis umgesetzt werden. Organisieren Sie regelmäßige Rollenspiele, in denen Verkäufer ihre Fähigkeiten im Umgang mit nonverbaler Kommunikation trainieren können. Dies ermöglicht es, verschiedene Szenarien zu üben und Feedback zu erhalten.

Feedbackmechanismen etablieren:

Lernen durch Rückmeldungen

Implementieren Sie klare Feedbackmechanismen, damit Verkäufer ihre Fortschritte erkennen und gezielt verbessern können. Peer-Feedback und professionelle Evaluierungen können dazu beitragen, das Bewusstsein für die eigene nonverbale Kommunikation zu schärfen.

Videoanalyse für Selbstevaluierung:

Der Blick von außen

Nutzen Sie die moderne Technologie, um Verkaufsgespräche aufzuzeichnen. Verkäufer können ihre eigenen Auftritte analysieren und selbstständig erkennen, welche nonverbalen Signale sie aussenden. Diese Form der Selbstevaluierung fördert bewusstes Lernen.

Langfristige Strategien entwickeln:

Nachhaltigkeit im Fokus

Die Kunst des ersten Eindrucks endet nicht mit dem ersten Kontakt. Entwickeln Sie langfristige Strategien, um sicherzustellen, dass der positive Eindruck im Gedächtnis bleibt. Dazu gehören regelmäßige Auffrischungskurse, um aktuelle Erkenntnisse zu nonverbaler Kommunikation zu integrieren.

Diese Lernmethode kombiniert theoretisches Wissen mit praktischer Anwendung und ermöglicht es Verkäufern, die subtilen Nuancen der nonverbalen Kommunikation zu beherrschen. Durch konsequente Anwendung und kontinuierliches Lernen werden sie befähigt, den ersten Eindruck zu einem kraftvollen Werkzeug im Verkaufsprozess zu machen.

NOTES

"One step at a time. You'll get there."

Grundlagen der Verkaufspsychologie

Betreten Sie mit uns das Herz der Verkaufspsychologie, wo wir uns nicht mit Oberflächlichkeiten begnügen. Hier geht es um die tiefen, tiefen Schichten der menschlichen Psyche und wie sie das Kaufverhalten beeinflussen.

In dieser ersten Hälfte stürzen wir uns direkt in die Kognition. Wie nehmen Menschen Informationen auf? Wie verarbeiten sie diese?

Und vor allem, wie interpretieren sie diese Informationen in Bezug auf ihre Kaufentscheidungen? Wir durchleuchten die Psychologie der Wahrnehmung und enthüllen, warum der Weg zum Verkauf nicht nur über die Ohren, sondern auch über die Augen führt.

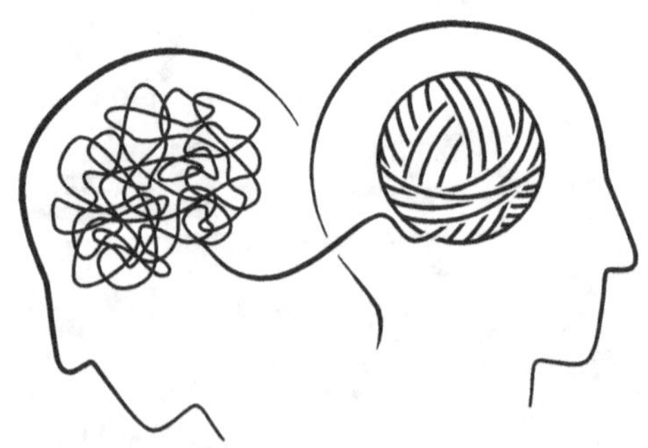

Kapitel 3
Grundlagen der Verkaufspsychologie

Beginnen wir mit dem grundlegenden Prinzip der Wahrnehmung. Menschen sind visuelle Wesen, und die Art und Weise, wie sie Informationen visuell erfassen, ist von entscheidender Bedeutung. Ähnlich den Naturgesetzen, die uns lehren, dass das Licht den Schatten enthüllt, müssen Verkäufer verstehen, wie die Präsentation visueller Informationen den Weg für eine klare Wahrnehmung ebnet.

Die Verarbeitung von Informationen ist ein weiterer Schlüsselaspekt. Wie das Wasser, das den Fluss hinabströmt und dabei seine Form verändert, passen Menschen Informationen an ihre individuelle Denkweise an. Hier sehen wir das psychologische Gesetz der Anpassung in Aktion – Verkäufer müssen ihre Botschaften so gestalten, dass sie sich nahtlos in die Denkwelt ihrer Kunden integrieren.

Grundlagen der Verkaufspsychologie

Die Interpretation von Informationen ist schließlich der Höhepunkt des Prozesses. Hier greifen wir auf das psychologische Prinzip der Mustererkennung zurück. Kunden neigen dazu, nach vertrauten Mustern zu suchen, die ihre Entscheidungen leiten. Verkäufer müssen in der Lage sein, diese Muster zu erkennen und geschickt in ihre Präsentationen zu integrieren.

Wie die Naturgesetze den Lauf der Dinge bestimmen, so beeinflussen auch psychologische Prinzipien die Art und Weise, wie Menschen Informationen aufnehmen und interpretieren. Durch das Eintauchen in diese tiefen Gewässer der Verkaufspsychologie werden Verkäufer zu Navigatoren, die die Strömungen der Kundenentscheidungen meisterhaft lenken.

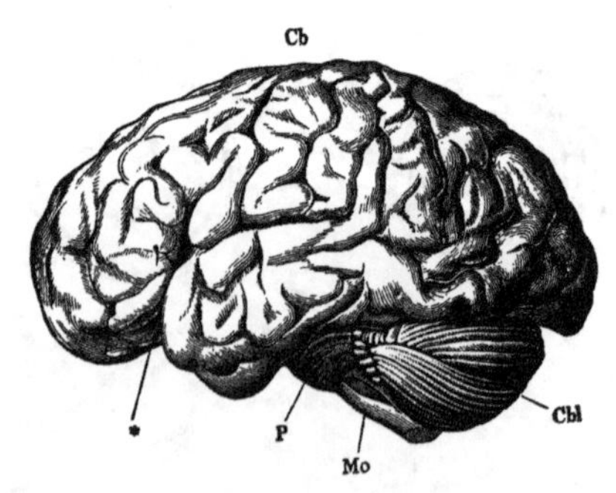

Grundlagen der Verkaufspsychologie

Visuelle Präsentation analysieren:

Betrachten Sie eine visuelle Präsentation eines Produkts oder einer Dienstleistung _– sei es eine Werbung, eine Webseite oder ein Produktbild. Identifizieren Sie visuelle Elemente, die Ihre Aufmerksamkeit sofort auf sich ziehen. Überlegen Sie, wie diese visuellen Reize die Wahrnehmung beeinflussen und welchen Eindruck sie hinterlassen.

Anpassung der Verkaufsbotschaft:

Nehmen Sie sich eine typische Verkaufsbotschaft oder Produktpräsentation vor. Überlegen Sie, wie diese Botschaft für verschiedene Zielgruppen angepasst werden könnte. Berücksichtigen Sie dabei unterschiedliche Denkweisen und Vorlieben. Diese Übung hilft Ihnen, das Prinzip der Anpassung in der Verkaufskommunikation zu verstehen und anzuwenden.

NOTES

"One step at a time. You'll get there."

Grundlagen der Verkaufspsychologie

Der Schlüssel zum Verständnis des Verkaufsprozesses liegt in der Kenntnis der psychologischen Prinzipien, die die Entscheidungen der Kunden formen.

1. Das Prinzip der Verknappung:

<u>Die Macht des Mangels</u>

In der Psychologie des Verkaufs spielt das Prinzip der Verknappung eine zentrale Rolle. Menschen neigen dazu, das zu begehren, was schwer zu bekommen ist. Hier erkunden wir, wie Sie gezielt Knappheit in Ihren Verkaufsbotschaften nutzen können. Von begrenzten Sonderangeboten bis hin zu limitierten Produktauflagen – lernen Sie, wie Sie die Wahrnehmung von Wert steigern, indem Sie das Prinzip der Verknappung geschickt anwenden.

2. Das Prinzip der sozialen Bewährtheit:

<u>Vertrauen durch Gemeinschaft</u>

Die Menschen schauen auf das Verhalten anderer, um ihre eigenen Entscheidungen zu leiten. Das Prinzip der sozialen Bewährtheit ermöglicht es Ihnen, diesen sozialen Einfluss zu Ihrem Vorteil zu nutzen. Wir zeigen Ihnen, wie positive Kundenbewertungen, Testimonials und das Teilen von Erfolgsgeschichten in Ihrem Verkaufsprozess Vertrauen aufbauen und die Überzeugungskraft steigern können.

3. Das Prinzip der Reziprozität:

<u>Geben, um zu Empfangen</u>

Die Psychologie der Gegenseitigkeit ist ein kraftvolles Instrument im Verkauf. Indem Sie zuerst geben, schaffen Sie eine Verpflichtung beim Kunden, etwas zurückzugeben. Wir werden beleuchten, wie Sie dieses Prinzip geschickt in Ihrem Verkaufsprozess integrieren können – sei es durch kostenlose Ressourcen, personalisierte Beratung oder besondere Angebote. Lernen Sie, wie Sie durch Geben den Weg für nachhaltige Kundenbeziehungen ebnen.

4. Das Prinzip der Konsistenz:

Die Kraft der inneren Harmonie

Die Psychologie der Konsistenz lehrt uns, dass Menschen bestrebt sind, konsistent in ihren Handlungen und Entscheidungen zu bleiben. Wir werden erkunden, wie Sie dieses Prinzip nutzen können, um Kunden dazu zu bewegen, sich zu ihren eigenen positiven Aussagen zu Ihrem Produkt oder Service zu bekennen. Durch die Schaffung innerer Harmonie wird die Wahrscheinlichkeit einer dauerhaften Bindung erhöht.

5. Das Prinzip der Autorität:

Vertrauen durch Expertise

Menschen neigen dazu, Autoritäten zu vertrauen. Dieses Prinzip bietet eine Fülle von Möglichkeiten im Verkaufsprozess. Wir werden beleuchten, wie Sie Ihre Expertise betonen und wie Sie externe Quellen von Autorität nutzen können, um das Vertrauen Ihrer Kunden zu stärken. Von Zertifikaten bis hin zu Branchenauszeichnungen – lernen Sie, wie Sie die Macht der Autorität geschickt einsetzen.

6. Das Prinzip der Sympathie:

<u>Die Kraft der Verbindung</u>

Die Psychologie der Sympathie ist ein mächtiges Werkzeug im Verkauf. Menschen kaufen gerne von Personen, die sie mögen. Wir werden Strategien erforschen, wie Sie eine authentische Verbindung zu Ihren Kunden aufbauen können. Vom Verständnis individueller Bedürfnisse bis hin zur Schaffung von Gemeinsamkeiten – Sympathie als Schlüssel zum erfolgreichen Verkauf.

Die sechs psychologischen Prinzipien im Verkaufsprozess sind Schlüsselwerkzeuge für überzeugende Verkaufsstrategien. Verknappung nutzt die Macht des Mangels, soziale Bewährtheit baut Vertrauen durch Gemeinschaft, und Reziprozität schafft Verpflichtungen durch Geben. Konsistenz fördert innere Harmonie, Autorität baut Vertrauen durch Expertise, und Sympathie ermöglicht Verbindungen durch Gemeinsamkeiten. Meisterhaft angewendet, formen diese Prinzipien nicht nur erfolgreiche Verkäufer, sondern auch langfristige Kundenbeziehungen.

Simulieren Sie eine Verkaufssituation:
Setzen Sie sich in die Rolle eines Verkäufers und simulieren Sie eine Verkaufssituation. Versuchen Sie dabei bewusst, die Prinzipien der Verknappung, sozialen Bewährtheit und Reziprozität einzusetzen. Notieren Sie, wie diese Prinzipien in Ihrem Verkaufsgespräch zum Ausdruck kommen und wie sie sich auf die Wahrnehmung des Kunden auswirken.

Analysieren Sie erfolgreiche Verkaufsstrategien:
Studieren Sie Fallbeispiele erfolgreicher Verkaufskampagnen oder Verkäufer. Identifizieren Sie, wie die Prinzipien der Konsistenz, Autorität und Sympathie in diesen Strategien angewendet wurden. Überlegen Sie, wie Sie ähnliche Ansätze in Ihrer eigenen Verkaufspraxis integrieren können. Diese Analyse fördert ein tieferes Verständnis für die praktische Anwendung der Prinzipien.

Durch das aktive Einüben dieser Aufgaben können Sie nicht nur die Theorie der psychologischen Prinzipien vertiefen, sondern auch Ihre Fähigkeiten im Anwenden dieser Prinzipien im realen Verkaufsumfeld schärfen.

NOTES

"One step at a time. You'll get there."

Psychologische Prinzipien im Verkaufsprozess

In diesem Kapitel werden wir die entscheidende Rolle psychologischer Prinzipien im Verkaufsprozess erkunden. Der erfolgreiche Verkauf geht über bloße Produktkenntnisse hinaus und erfordert ein tiefes Verständnis der psychologischen Dynamiken, die das Kaufverhalten beeinflussen.

Beginnen wir mit dem Grundsatz der sozialen Bewährtheit. Menschen tendieren dazu, sich an den Handlungen anderer zu orientieren, insbesondere in unsicheren Situationen. Im Verkauf bedeutet dies, dass positive Bewertungen, Empfehlungen und soziale Beweise eine kraftvolle Wirkung haben können. Kunden neigen dazu, sich für ein Produkt zu entscheiden, wenn sie sehen, dass andere es schätzen und verwenden.

Ein weiteres entscheidendes Prinzip ist die Knappheit. Menschen schätzen Dinge mehr, wenn sie glauben, dass sie begrenzt oder schwer zu bekommen sind. Dies kann durch begrenzte Angebote, zeitlich begrenzte Aktionen oder exklusive Produkte erreicht werden. Indem Verkäufer die Knappheit betonen, können sie den Drang des Kunden verstärken, sofort zu handeln.

Psychologische Prinzipien im Verkaufsprozess

Das Prinzip der Reziprozität spielt ebenfalls eine bedeutende Rolle. Wenn Verkäufer zuerst etwas Wertvolles geben, sei es in Form von Informationen, Ressourcen oder sogar kleinen Gefälligkeiten, fühlen sich Kunden eher dazu verpflichtet, etwas im Gegenzug zu geben. Dies kann zu positiven Kundenbeziehungen führen und die Wahrscheinlichkeit eines erfolgreichen Verkaufs erhöhen.

Des Weiteren ist die Macht der Konsistenz nicht zu unterschätzen. Menschen neigen dazu, konsistent mit ihren vorherigen Entscheidungen zu bleiben. Verkäufer können dies nutzen, indem sie Kunden zu kleinen, positiven Verpflichtungen bewegen. Einmal getroffene Entscheidungen schaffen eine Verpflichtung, die den Kunden dazu motivieren kann, den Kaufprozess bis zum Abschluss fortzusetzen.

Zusammenfassend zeigen diese psychologischen Prinzipien, dass Verkaufen mehr ist als nur das Anpreisen von Produkten. Es erfordert ein tiefes Verständnis der menschlichen Natur und des Verhaltens, um effektiv auf die Bedürfnisse und Wünsche der Kunden einzugehen. Im folgenden Abschnitt werden wir spezifische Techniken und Strategien untersuchen, wie diese Prinzipien im Verkaufsalltag erfolgreich angewendet werden können.

Psychologische Prinzipien im Verkaufsprozess

Tipp 1: Empathie als Schlüssel zur Kundenbindung

Ein wesentlicher Aspekt psychologischer Prinzipien im Verkaufsprozess ist die Fähigkeit zur Empathie. Verkäufer, die sich in die Lage ihrer Kunden versetzen können, schaffen eine tiefere Verbindung. Kunden fühlen sich verstanden und geschätzt, was die Wahrscheinlichkeit eines erfolgreichen Abschlusses erhöht. Stellen Sie daher offene Fragen, hören Sie aufmerksam zu und zeigen Sie echtes Interesse an den Bedürfnissen und Anliegen Ihrer Kunden. Diese empathische Herangehensweise fördert nicht nur Vertrauen, sondern ermöglicht es Ihnen auch, maßgeschneiderte Lösungen anzubieten, die den individuellen Anforderungen Ihrer Kunden gerecht werden.

Tipp 2: Storytelling als Mittel zur emotionalen Bindung

Eine effektive Methode, psychologische Prinzipien im Verkaufsprozess zu integrieren, ist der Einsatz von Storytelling. Menschen sind von Natur aus fasziniert von Geschichten. Nutzen Sie daher die Kraft des Storytellings, um eine emotionale Bindung zu Ihren Kunden herzustellen. Erzählen Sie Geschichten über zufriedene Kunden, die durch Ihr Produkt positive Veränderungen erlebt haben, oder verdeutlichen Sie, wie Ihr Unternehmen Werte und Überzeugungen teilt. Durch das Einbetten von psychologischen Prinzipien wie sozialer Bewährtheit und Identifikation in Ihre Geschichten können Sie das Vertrauen der Kunden stärken und sie dazu inspirieren, Ihr Produkt oder Ihre Dienstleistung in ihrem eigenen Leben anzuwenden.

NOTES

"One step at a time. You'll get there."

"One step at a time. You'll get there."

Der Einfluss von Emotionen auf den Verkaufserfolg

Hier werden wir die zentrale Bedeutung von Emotionen im Verkaufsprozess beleuchten. Der Verkauf ist nicht allein auf rationale Überlegungen beschränkt, sondern stark von den emotionalen Reaktionen der Kunden beeinflusst.

Beginnen wir mit der Erkenntnis, dass Emotionen oft die treibende Kraft hinter Kaufentscheidungen sind. Wenn Kunden eine emotionale Verbindung zu einem Produkt oder einer Marke spüren, steigt die Wahrscheinlichkeit, dass sie sich für den Kauf entscheiden. Verkäufer sollten daher nicht nur auf die technischen Merkmale ihres Angebots hinweisen, sondern auch darauf abzielen, positive emotionale Erfahrungen zu schaffen.

Ein Schlüsselaspekt ist die Freisetzung von Endorphinen, den sogenannten Glückshormonen. Verkäufer können durch eine angenehme und positive Interaktion mit Kunden diese Hormone stimulieren und somit eine positive Assoziation mit dem Produkt oder der Marke schaffen. Dies kann beispielsweise durch freundlichen Kundenservice, ansprechende Präsentationen oder humorvolle Interaktionen erfolgen

Der Einfluss von Emotionen auf den Verkaufserfolg

Eine weitere emotionale Dimension ist die Angst. Kunden können durch Unsicherheit oder Zweifel gehemmt werden. Verkäufer sollten einfühlsam auf diese Ängste eingehen und sie durch klare Informationen und Lösungsvorschläge mildern. Die Überwindung von Unsicherheiten kann zu einer starken positiven Emotion führen, die den Weg zum Kauf ebnet.

Die Fähigkeit zur Empathie ist entscheidend, um die emotionalen Bedürfnisse der Kunden zu erkennen. Indem Verkäufer sich einfühlsam in die Gefühlswelt der Kunden versetzen, können sie gezielt auf diese Emotionen eingehen und eine Verbindung aufbauen, die über den reinen Transaktionsprozess hinausgeht.

Aufs Ganze gesehen verdeutlicht dieses Kapitel, dass der erfolgreiche Verkauf eng mit der Fähigkeit verknüpft ist, Emotionen zu verstehen und zu beeinflussen. Im weiteren Verlauf werden wir konkrete Strategien und Techniken erkunden, wie Verkäufer Emotionen gezielt nutzen können, um den Verkaufserfolg zu steigern.

Tipp : Emotionale Bedürfnisse gezielt ansprechen

Analysieren Sie die emotionalen Bedürfnisse Ihrer Kunden und sprechen Sie diese gezielt an. Jeder Kunde hat individuelle Emotionen, die sein Kaufverhalten beeinflussen. Vielleicht sucht jemand nach Sicherheit, während ein anderer Kunde auf der Suche nach Anerkennung oder Selbstverwirklichung ist. Durch gezielte Fragen und Aufmerksamkeit für verbale sowie nonverbale Signale können Sie die emotionalen Bedürfnisse identifizieren. Anschließend passen Sie Ihr Angebot so an, dass es nicht nur die funktionalen Anforderungen erfüllt, sondern auch die emotionalen Bedürfnisse Ihrer Kunden anspricht. Dies schafft eine personalisierte Erfahrung und stärkt die Kundenbindung.

NOTES

"One step at a time. You'll get there."

Die Bedeutung von Vertrauen und Glaubwürdigkei

Wir werden uns intensiv mit der entscheidenden Rolle von Vertrauen und Glaubwürdigkeit im Verkaufsprozess auseinandersetzen. Der Erfolg im Verkauf steht und fällt oft mit der Fähigkeit des Verkäufers, Vertrauen zu schaffen und als glaubwürdiger Ansprechpartner wahrgenommen zu werden.

Beginnen wir mit der fundamentalen Erkenntnis, dass Vertrauen die Grundlage jeder erfolgreichen Geschäftsbeziehung bildet. Kunden neigen dazu, Produkte oder Dienstleistungen von Personen zu kaufen, denen sie vertrauen. Dieses Vertrauen entsteht nicht über Nacht, sondern entwickelt sich durch konsistente positive Interaktionen, transparente Kommunikation und die Erfüllung von Versprechen.

Glaubwürdigkeit ist eng mit Vertrauen verbunden und spielt eine Schlüsselrolle im gesamten Verkaufsprozess. Kunden müssen nicht nur dem Produkt vertrauen, sondern auch dem Verkäufer. Glaubwürdigkeit entsteht durch Fachkenntnisse, Authentizität und Ehrlichkeit.

Die Bedeutung von Vertrauen und Glaubwürdigkeit

Um Vertrauen aufzubauen und Glaubwürdigkeit zu festigen, ist es entscheidend, eine kundenzentrierte Herangehensweise zu verfolgen. Kunden möchten das Gefühl haben, dass ihre Bedürfnisse und Anliegen im Mittelpunkt stehen. Hier sind einige bewährte Strategien:

Authentische Kommunikation: Vermeiden Sie leere Phrasen und setzen Sie auf authentische Kommunikation. Seien Sie ehrlich über die Vorzüge Ihres Angebots, aber auch über mögliche Herausforderungen. Kunden schätzen Offenheit und Transparenz.

Kundenorientierter Service: Bieten Sie einen exzellenten Kundenservice, der über den reinen Verkaufsprozess hinausgeht. Schnelle und effiziente Lösungen für Kundenanliegen tragen dazu bei, Vertrauen zu stärken und die Glaubwürdigkeit zu festigen.

Fachkenntnisse demonstrieren: Vertiefen Sie Ihre Produktkenntnisse und bleiben Sie stets über branchenspezifische Entwicklungen informiert. Durch fundierte Fachkenntnisse können Sie Kundenfragen kompetent beantworten und das Vertrauen in Ihre Expertise stärken.

Die Bedeutung von Vertrauen und Glaubwürdigkei

Kundenreferenzen einbinden: Nutzen Sie positive Kundenreferenzen als wirksames Werkzeug. Erfolgsgeschichten und Testimonials können potenzielle Kunden überzeugen und ihre Bedenken zerstreuen. Berücksichtigen Sie dabei sowohl quantitative als auch qualitative Erfolge.

Verantwortung übernehmen: Stehen Sie zu Ihren Versprechen und übernehmen Sie Verantwortung für etwaige Probleme. Kunden schätzen es, wenn Verkäufer proaktiv Lösungen suchen und konstruktiv mit Herausforderungen umgehen.

Langfristige Beziehungen aufbauen: Der Fokus sollte nicht nur auf dem einmaligen Verkaufsabschluss liegen. Bemühen Sie sich um den Aufbau langfristiger Beziehungen zu Ihren Kunden. Zeigen Sie Interesse an ihren langfristigen Zielen und bieten Sie kontinuierlichen Support an.

Regelmäßige Schulungen für Verkäuferteams: Investieren Sie in Schulungen für Ihr Verkäuferteam, um sicherzustellen, dass alle Mitarbeiter die Bedeutung von Vertrauen und Glaubwürdigkeit verstehen. Durch Schulungen können Verkäufer ihre Fähigkeiten verbessern und erfolgreiche Strategien erlernen.

Die Bedeutung von Vertrauen und Glaubwürdigkeit

Indem Verkäufer diese Strategien konsequent anwenden, können sie nicht nur das Vertrauen ihrer Kunden gewinnen, sondern auch ihre Glaubwürdigkeit nachhaltig festigen. Dies bildet die Grundlage für langfristigen Erfolg im Verkauf und stärkt die Position des Unternehmens als verlässlicher Partner für seine Kunden. Im folgenden Abschnitt werden wir spezifische Fallstudien und Szenarien analysieren, um die praktische Anwendung dieser Strategien zu illustrieren.

NOTES

"One step at a time. You'll get there."

Die Kunst des Storytellings im Verkauf

In der Welt des Verkaufs offenbart sich eine faszinierende Dimension: die Kunst des Storytellings. Geschichten haben seit jeher die Kraft, Menschen zu bewegen, zu inspirieren und zu verbinden. Im Verkauf wird diese Kunst zu einem mächtigen Instrument, um nicht nur Produkte zu präsentieren, sondern auch emotionale Verbindungen zu schaffen und Kunden auf eine Reise mitzunehmen.

Geschichten sind mehr als nur eine Aneinanderreihung von Worten; sie sind lebendige Erzählungen, die es vermögen, das Wesen eines Produkts oder einer Marke zum Leben zu erwecken. Beginnen wir unsere Reise in die Welt des Storytellings im Verkauf und erkunden, wie diese Kunstfertigkeit den Verkauf nicht nur beeinflusst, sondern auch transformiert.

Die emotionale Reise beginnt

Jede erfolgreiche Verkaufsgeschichte beginnt mit einer emotionalen Reise. Indem Verkäufer ihre Kunden durch eine sorgfältig konstruierte Erzählung führen, wird eine Brücke zwischen dem Produkt und den Emotionen des Kunden geschlagen. Beginnen Sie mit einer einnehmenden Einleitung, die Neugier weckt und den Kunden dazu einlädt, sich auf die Geschichte einzulassen.

Die Protagonisten: Kunde und Produkt

In jeder Geschichte gibt es Protagonisten, und im Verkauf sind das der Kunde und das Produkt. Zeichnen Sie ein lebendiges Bild des Kunden, seiner Bedürfnisse, Träume und Herausforderungen. Verleihen Sie dem Produkt Charakter und Eigenschaften, die den Kunden in seiner individuellen Reise unterstützen.

Konflikte und Lösungen

Geschichten ohne Herausforderungen wären fade. Integrieren Sie Konflikte, mit denen sich der Kunde identifizieren kann – seien es Probleme, die gelöst werden müssen, oder Hindernisse auf dem Weg zum Erfolg. Dann präsentieren Sie Ihr Produkt als die Lösung, den Helden, der dem Kunden hilft, diese Hindernisse zu überwinden.

Kundenbeziehungen durch authentisches Storytelling vertiefen

Die Verfeinerung der Kunst des Storytellings im Verkauf erfordert ein tieferes Verständnis für die Bedürfnisse und Erwartungen der Kunden. Authentizität ist dabei das Schlüsselwort. Kunden sehnen sich nach Geschichten, die nicht nur unterhalten, sondern auch echte Werte und Authentizität vermitteln.

Geschichten, die Werte vermitteln

Integrieren Sie in Ihre Erzählungen Werte, die sowohl Ihr Unternehmen als auch Ihre Kunden schätzen. Dies könnte ethisches Handeln, Umweltbewusstsein oder soziales Engagement sein. Eine Geschichte, die diese Werte reflektiert, schafft nicht nur eine emotionale Bindung, sondern auch eine Identifikation mit Ihrem Unternehmen.

Personalisiertes Storytelling

Jeder Kunde ist einzigartig, und Ihr Storytelling sollte dies widerspiegeln. Nutzen Sie Kundeninformationen, um personalisierte Geschichten zu kreieren. Zeigen Sie, wie Ihr Produkt spezifische Probleme des Kunden lösen kann. Personalisiertes Storytelling schafft eine individuelle Bindung und zeigt, dass Sie die Bedürfnisse Ihrer Kunden verstehen.

Kundenbeziehungen durch authentisches Storytelling vertiefen

Interaktive Erlebnisse schaffen

Geschichten können weit über geschriebenen Text hinausgehen. Nutzen Sie verschiedene Medien, um interaktive Erlebnisse zu schaffen. Videos, Podcasts oder sogar Live-Präsentationen ermöglichen es Kunden, sich tiefer in die Geschichte einzubinden. Interaktive Elemente fördern die Teilnahme und verstärken die emotionale Resonanz.

Kunden als Teil der Geschichte einbeziehen

Ermutigen Sie Ihre Kunden dazu, selbst Teil der Geschichte zu werden. Nutzen Sie soziale Medien, um Kundenfeedback, Bewertungen und sogar ihre eigenen Erfahrungen zu teilen. Kunden, die sich als Teil Ihrer Geschichte sehen, entwickeln eine stärkere Bindung zu Ihrem Unternehmen.

Praktische Anwendung: Erfolgreiche Storytelling-Beispiele

Um diese Konzepte in die Praxis umzusetzen, werfen wir einen Blick auf einige erfolgreiche Storytelling-Beispiele aus verschiedenen Branchen. Unternehmen wie Nike, Apple und Airbnb haben durch ihre meisterhafte Anwendung von Storytelling nicht nur Produkte verkauft, sondern auch Marken geschaffen, die in den Köpfen der Kunden verankert sind.

Nike - "Just Do It"

Die "Just Do It"-Kampagne von Nike ist ein Paradebeispiel für motivierendes Storytelling. Anstatt nur Schuhe zu verkaufen, erzählt Nike Geschichten von Durchhaltevermögen, Erfolg und dem Überwinden von Hindernissen. Die Botschaft geht über das Produkt hinaus und spricht die emotionalen Bedürfnisse nach Inspiration und persönlicher Stärke an.

Apple - Die "1984"-Werbung

Apples berühmte "1984"-Werbespot für den Macintosh-Computer war revolutionär. Die dystopische Inszenierung sprach nicht direkt über Produkteigenschaften, sondern vermittelte das Gefühl von Befreiung und Innovation. Apple verband sein Produkt mit der Vorstellung, die Welt zu verändern, und schuf somit eine kraftvolle Erzählung.

Der Wendepunkt und die Transformation

Jede gute Geschichte hat einen Wendepunkt, einen Moment der Entscheidung oder Erkenntnis. Zeigen Sie auf, wie Ihr Produkt oder Ihre Dienstleistung den entscheidenden Unterschied macht. Beschreiben Sie die Transformation, die der Kunde durchläuft, und betonen Sie die positiven Veränderungen, die sich aus der Nutzung Ihres Angebots ergeben.

Der Abschluss:
Ein Happy End für den Kunden

Eine erfolgreiche Verkaufsgeschichte hat ein Happy End – nicht nur für das Unternehmen, sondern vor allem für den Kunden. Veranschaulichen Sie, wie Ihr Produkt die Bedürfnisse des Kunden erfüllt, seine Ziele erreicht und letztendlich ein positives Ergebnis liefert.

Die Kunst des Storytellings im Verkauf

Tipp: Hören Sie Ihren Kunden aufmerksam zu und integrieren Sie ihre Geschichten.

Eine der effektivsten Strategien, um die Kunst des Storytellings im Verkauf zu perfektionieren, besteht darin, den Fokus auf Ihre Kunden zu legen. Hören Sie aufmerksam zu, wenn sie ihre eigenen Geschichten teilen, sei es über ihre Bedürfnisse, Herausforderungen oder Erfolge. Integrieren Sie diese Geschichten in Ihre Verkaufsnarrative, um eine tiefere Verbindung herzustellen. Kunden fühlen sich gehört und verstanden, was die Glaubwürdigkeit Ihrer Geschichten stärkt. Authentische Kundenstimmen verleihen Ihren Erzählungen eine zusätzliche Dimension und können potenzielle Käufer dazu inspirieren, sich in ähnlichen Erfahrungen wiederzufinden. Durch die Integration von Kundenperspektiven wird Ihr Storytelling nicht nur überzeugender, sondern auch authentischer.

NOTES

"One step at a time. You'll get there."

Die Kraft von Geschichten in Verkaufsgesprächen

In den schillernden Kulissen des Verkaufsgetümmels erweist sich eine kraftvolle Waffe als besonders wirkungsvoll: die Kunst des Geschichten Erzählens. In diesem Kapitel werden wir eintauchen in die tiefgreifende Bedeutung von Geschichten in Verkaufsgesprächen und erkunden, wie sie nicht nur Informationen vermitteln, sondern auch eine emotionale Resonanz schaffen können.

Die Magie der Erzählungen entfesseln

Geschichten sind keine bloßen Aneinanderreihungen von Worten; sie sind lebendige Erlebnisse, die es ermöglichen, eine Verbindung herzustellen, die über die rationale Ebene hinausgeht. In Verkaufsgesprächen können Geschichten als kraftvolles Instrument dienen, um Produkte nicht nur zu erklären, sondern auch zu erlebbar zu machen. Beginnen wir damit, die Magie der Erzählungen zu entfesseln und zu verstehen, wie sie die Dynamik von Verkaufsgesprächen beeinflussen.

Die Kraft von Geschichten in Verkaufsgesprächen

Emotionen wecken, Verbindungen schaffen

Geschichten haben die Fähigkeit, Emotionen zu wecken und somit eine tiefere Verbindung zwischen Verkäufer und Kunde zu schaffen. Indem Sie eine Geschichte erzählen, die die Bedürfnisse, Träume oder Herausforderungen des Kunden reflektiert, schaffen Sie eine emotionale Resonanz. Kunden werden nicht nur Zuhörer, sondern Teilnehmer an der Geschichte, was die Wahrscheinlichkeit erhöht, dass sie sich mit Ihrem Produkt oder Ihrer Dienstleistung identifizieren.

Die Macht der Veranschaulichung nutzen

Geschichten haben die Fähigkeit, abstrakte Konzepte und komplexe Informationen in greifbare Bilder zu verwandeln. Statt trockener Fakten können Sie durch eine anschauliche Geschichte Ihr Produkt oder Ihre Dienstleistung lebendig werden lassen. Dies ermöglicht es Kunden, sich das Nutzenpotenzial vorzustellen und schafft eine konkrete Vorstellung davon, wie Ihr Angebot ihr Leben verbessern kann.

Die Kraft von Geschichten in Verkaufsgesprächen

Kundenreisen als Geschichten erzählen

Verkaufsgespräche können als Reisen betrachtet werden, bei denen der Kunde der Protagonist ist. Nutzen Sie Geschichten, um die Reise des Kunden von der Entdeckung eines Problems bis zur Lösung durch Ihr Produkt zu erzählen. Durch die Struktur einer Geschichte wird der Kunde auf eine narrative Reise mitgenommen, was die Erfahrung nicht nur informativ, sondern auch unterhaltsam macht.

Authentisches Storytelling für Glaubwürdigkeit

Authentizität ist der Schlüssel zu überzeugendem Storytelling. Vermeiden Sie übertriebene Versprechen oder unrealistische Szenarien. Erzählen Sie Geschichten, die authentisch sind und echte Erfahrungen widerspiegeln. Kunden erkennen und schätzen Ehrlichkeit, was die Glaubwürdigkeit Ihrer Erzählungen stärkt.

Die Kraft von Geschichten in Verkaufsgesprächen

Kundenreisen als Geschichten erzählen

Verkaufsgespräche können als Reisen betrachtet werden, bei denen der Kunde der Protagonist ist. Nutzen Sie Geschichten, um die Reise des Kunden von der Entdeckung eines Problems bis zur Lösung durch Ihr Produkt zu erzählen. Durch die Struktur einer Geschichte wird der Kunde auf eine narrative Reise mitgenommen, was die Erfahrung nicht nur informativ, sondern auch unterhaltsam macht.

Authentisches Storytelling für Glaubwürdigkeit

Authentizität ist der Schlüssel zu überzeugendem Storytelling. Vermeiden Sie übertriebene Versprechen oder unrealistische Szenarien. Erzählen Sie Geschichten, die authentisch sind und echte Erfahrungen widerspiegeln. Kunden erkennen und schätzen Ehrlichkeit, was die Glaubwürdigkeit Ihrer Erzählungen stärkt.

NOTES

"One step at a time. You'll get there."

Wie man Geschichten effektiv einsetzt, um Kunden zu überzeugen

Die Kunst des Geschichten Erzählens im Verkauf geht über das bloße Teilen von Anekdoten hinaus. Ihr wahres Potenzial entfaltet sich, wenn Geschichten gezielt eingesetzt werden, um Kunden nicht nur zu erreichen, sondern auch zu überzeugen. Die Auswahl der richtigen Geschichte zur richtigen Zeit ist entscheidend. Verstehen Sie die individuellen Bedürfnisse und Herausforderungen Ihrer Kunden und wählen Sie Geschichten, die direkt auf diese Aspekte eingehen.

Ob es darum geht, Schwierigkeiten zu überwinden, Ziele zu erreichen oder Probleme zu lösen - die Geschichte sollte nahtlos in den Kontext des Verkaufsgesprächs passen.

Ein weiterer Schlüsselaspekt ist das Element der Spannung. Geschichten ohne Spannung verlieren leicht die Aufmerksamkeit der Zuhörer. Integrieren Sie Elemente, die Spannung erzeugen, sei es eine unerwartete Wendung, eine herausfordernde Situation oder ein beeindruckender Erfolg. Die Spannung hält nicht nur das Interesse aufrecht, sondern macht Ihre Geschichte auch memorabler.

Die Kunst der Visualisierung ist ein weiterer wichtiger Aspekt. Nutzen Sie bildhafte Sprache, um Szenen, Personen und Emotionen so zu beschreiben, dass sich Kunden in die Geschichte hineinversetzen können. Die Macht der Visualisierung macht Ihre Geschichten nicht nur lebendig, sondern erzeugt auch eine tiefere emotionale Resonanz.

Inszenieren Sie Ihre Kunden als Helden in Ihren Geschichten. Betonen Sie, wie Ihr Produkt oder Ihre Dienstleistung ihnen geholfen hat, Herausforderungen zu meistern oder ihre Ziele zu erreichen. Kunden, die sich als die Hauptfiguren Ihrer Geschichten sehen, fühlen sich wertgeschätzt und motiviert, Ihr Angebot zu nutzen.

Stellen Sie sicher, dass Ihre Geschichten eine emotionale Relevanz für Ihre Kunden haben. Verbinden Sie Ihre Produkte oder Dienstleistungen mit den Gefühlen Ihrer Kunden, sei es Freude, Erleichterung oder Stolz. Geschichten, die emotionale Resonanz erzeugen, haben eine tiefgreifende Wirkung und bleiben im Gedächtnis Ihrer Kunden haften.

Schließlich nutzen Sie Geschichten nicht nur als Mittel zum Zweck, sondern auch als Verbindungselemente zwischen Verkäufer und Kunde. Teilen Sie persönliche Anekdoten, die Ihre Werte und Ihre Leidenschaft verdeutlichen. Kunden, die sich mit Ihnen als Person verbunden fühlen, sind eher geneigt, auch eine Verbindung zu Ihren Angeboten herzustellen.

Praxisnahe Beispiele und Fallstudien

Um die effektive Anwendung der Storytelling-Strategien zu veranschaulichen, werfen wir einen Blick auf einige praxisnahe Beispiele und Fallstudien aus verschiedenen Branchen.

Beispiel 1: Die Erfolgsgeschichte eines Fitnessstudios

Ein Fitnessstudio nutzt das Storytelling, um die Transformationen seiner Mitglieder in den Mittelpunkt zu stellen. Anstatt nur Trainingsgeräte zu präsentieren, erzählen sie die individuellen Geschichten von Menschen, die durch das Fitnessprogramm ihre Gesundheit verbessert und ihre Ziele erreicht haben. Diese Geschichten zeigen nicht nur die Wirksamkeit des Angebots, sondern schaffen auch eine Gemeinschaft von Mitgliedern, die sich gegenseitig inspirieren.

Beispiel 2: Die Reise eines nachhaltigen Unternehmens

Ein nachhaltiges Unternehmen erzählt die Geschichte seiner eigenen Entwicklung von einem kleinen Start-up zu einem Vorreiter in umweltfreundlichen Praktiken. Durch das Teilen der Höhen und Tiefen ihres Weges schaffen sie nicht nur Transparenz, sondern zeigen auch, wie Kunden durch den Kauf ihrer Produkte Teil dieser nachhaltigen Reise werden können. Die Kunden werden so nicht nur zu Käufern, sondern zu Botschaftern der Unternehmensmission.

Fallstudie: Die emotionale Bindung eines Technologieunternehmens

Ein Technologieunternehmen setzt erfolgreich Geschichten ein, um die emotionale Bindung zu seinen Kunden zu stärken. Anstatt nur technische Details zu präsentieren, erzählen sie Geschichten darüber, wie ihre Produkte das Leben ihrer Kunden verbessert haben. Kundenfeedback und Erfahrungen werden in die Kommunikation integriert, was nicht nur Vertrauen schafft, sondern auch eine aktive und engagierte Kundenbasis fördert.

Die langfristige Wirkung von Geschichten

Die Verwendung von Geschichten im Verkaufsprozess hat nicht nur kurzfristige Auswirkungen auf den Abschluss von Geschäften, sondern trägt auch wesentlich zur langfristigen Bindung von Kunden bei. Geschichten schaffen eine emotionale Verbindung, die weit über den Transaktionsmoment hinausgeht. Kunden, die sich mit den erzählten Geschichten identifizieren, entwickeln eine loyale Beziehung zum Unternehmen.

Die langfristige Wirkung von Geschichten erstreckt sich über Kundenbindung hinaus und kann auch dazu beitragen, die Markenbekanntheit zu steigern, positive Mundpropaganda zu generieren und das Markenimage zu formen. Kunden, die durch Geschichten eine persönliche Verbindung zum Unternehmen aufbauen, werden zu langfristigen Botschaftern, die nicht nur wiederkehrende Käufer sind, sondern auch Ihr Unternehmen aktiv weiterempfehlen.

Tipp: Personalisieren Sie Ihre Geschichten, indem Sie sich auf individuelle Kundenerlebnisse konzentrieren. Stellen Sie sicher, dass Ihre Geschichten die Vielfalt Ihrer Kunden widerspiegeln und deren spezifische Bedürfnisse, Herausforderungen und Erfolge aufgreifen. Indem Sie Ihre Erzählungen maßgeschneidert gestalten, schaffen Sie eine tiefere emotionale Verbindung und zeigen, dass Ihr Angebot wirklich auf die individuellen Belange Ihrer Kunden zugeschnitten ist.

NOTES

"One step at a time. You'll get there."

"One step at a time. You'll get there."

Beispiele für erfolgreiche Storytelling-Techniken

Die Kunst des erfolgreichen Storytellings im Verkauf offenbart sich in Techniken, die nicht nur fesseln, sondern auch überzeugen. In diesem Kapitel werfen wir einen Blick auf konkrete Beispiele, um bewährte Storytelling-Techniken zu verstehen und zu erkunden, wie sie wirkungsvoll im Verkauf eingesetzt werden können. Diese Beispiele dienen als Leitfaden, um Geschichten zu formen, die nicht nur Aufmerksamkeit erregen, sondern auch eine nachhaltige Wirkung erzielen.

Die Reise des Kunden als Storyline

Eine fesselnde Technik ist die Nutzung der Kundenreise als zentrale Storyline. Beginnen Sie mit den Herausforderungen, denen Kunden gegenüberstehen, und entwickeln Sie die Erzählung über die Entdeckung, wie Ihr Produkt oder Ihre Dienstleistung diese Hindernisse überwindet. Dies ermöglicht Kunden, sich in der Geschichte wiederzufinden und sich mit dem Helden – dem Kunden – zu identifizieren.

Beispiele für erfolgreiche Storytelling-Techniken

Der emotionale Haken

Geschichten, die einen emotionalen Haken haben, bleiben im Gedächtnis. Diese Technik konzentriert sich darauf, Emotionen zu wecken, sei es Freude, Mitgefühl oder sogar Humor. Ein Beispiel könnte eine Geschichte sein, die die Transformation eines Kunden zeigt, begleitet von bewegenden Momenten, die eine tiefe emotionale Verbindung schaffen und das Interesse des Kunden von Anfang bis Ende halten.

Das Überraschungsmoment

Das Element der Überraschung in Geschichten kann eine bleibende Wirkung haben. Durch das geschickte Einsetzen von unerwarteten Wendungen oder ungewöhnlichen Ereignissen können Sie die Aufmerksamkeit Ihrer Zuhörer steigern. Diese Technik verleiht Ihrer Geschichte eine einzigartige Note, die sich von anderen abhebt und eine nachhaltige Wirkung erzielt.

Die Kraft der Authentizität

Authentizität ist der Schlüssel zum erfolgreichen Storytelling. Diese Technik konzentriert sich darauf, Geschichten zu erzählen, die real und ehrlich sind. Kunden schätzen es, wenn sie sich mit der Authentizität einer Geschichte identifizieren können. Beispiele könnten persönliche Anekdoten von Mitarbeitern oder echte Kundenerfahrungen sein, die Ihr Produkt oder Ihre Dienstleistung authentisch präsentieren.

Kunden als Erzähler einbinden

Die Einbindung von Kunden als Erzähler in Ihren Geschichten schafft eine lebendige Dynamik. Dies könnte durch Testimonials, Kundenbewertungen oder sogar die direkte Einbeziehung von Kunden in Ihre Verkaufspräsentationen geschehen. Diese Technik gibt Kunden eine Stimme und verstärkt die Glaubwürdigkeit Ihrer Geschichten.

Beispiele für erfolgreiche Storytelling-Techniken

Der narrative Bogen

Ein gelungenes Storytelling folgt einem klaren narrativen Bogen. Beginnen Sie mit einer einprägsamen Einleitung, entwickeln Sie die Handlung mit klaren Höhepunkten und lösen Sie die Geschichte schlüssig auf. Diese Technik schafft eine strukturierte Erzählung, die leichter verständlich ist und eine tiefere Resonanz bei Ihren Zuhörern erzeugt.

Diese Techniken sind keine isolierten Konzepte, sondern können miteinander kombiniert werden, um Geschichten zu gestalten, die nicht nur Kunden begeistern, sondern auch eine langfristige Bindung zu Ihrem Unternehmen aufbauen. In den kommenden Abschnitten werden wir uns intensiver mit diesen Beispielen beschäftigen und ihre Anwendung in verschiedenen Phasen des Verkaufsprozesses vertiefen.

1. Die Einführung: Kunden fesseln und Interesse wecken

In der Einführungsphase ist es entscheidend, das Interesse der Kunden zu wecken und sie emotional zu involvieren. Nutzen Sie hierfür Techniken wie den emotionalen Haken und das Überraschungsmoment. Eine gut platzierte Geschichte über die positive Veränderung, die Ihr Produkt bewirken kann, oder eine unerwartete Wendung in einer Kundenreise kann dazu beitragen, die Aufmerksamkeit Ihrer Zielgruppe zu gewinnen und sie für das Kommende zu begeistern.

2. Die Präsentation: Authentizität und Kundenbeteiligung

Während der Präsentation ist Authentizität entscheidend. Erzählen Sie Geschichten, die authentisch sind und echte Kundenperspektiven widerspiegeln. Die Einbindung von Kunden als Erzähler, sei es durch Testimonials oder Live-Präsentationen, verstärkt die Glaubwürdigkeit Ihrer Botschaft. Dies ermöglicht es Ihren potenziellen Kunden, sich mit den Erfahrungen anderer zu identifizieren und eine persönliche Verbindung zu Ihrem Angebot herzustellen.

3. Die Überwindung von Einwänden: Die Kraft des emotionalen Bogens

In der Phase der Einwandbehandlung können Sie die Technik des emotionalen Bogens nutzen. Erinnern Sie Ihre Kunden durch Geschichten daran, warum sie sich ursprünglich für Ihr Produkt interessiert haben. Hier kann die Reise des Kunden als Storyline besonders wirkungsvoll sein, um potenzielle Bedenken zu zerstreuen und den Fokus erneut auf die positiven Aspekte Ihres Angebots zu lenken.

4. Der Abschluss: Der narrative Höhepunkt

Der Abschluss markiert den Höhepunkt Ihrer Verkaufserzählung. Nutzen Sie die Technik des narrativen Bogens, um Ihre Geschichte auf einen überzeugenden Höhepunkt zuzuführen. Zeigen Sie, wie Ihr Produkt oder Ihre Dienstleistung die Hauptprobleme Ihrer Kunden lösen kann. Kunden, die sich als Helden Ihrer Geschichte fühlen, sind eher geneigt, eine Kaufentscheidung zu treffen.

5. Die Nachbetreuung: Kundenbindung durch fortlaufende Geschichten

Nach dem Abschluss können Sie Geschichten als Instrument zur Kundenbindung einsetzen. Halten Sie Ihre Kunden durch fortlaufende Geschichten über neue Entwicklungen, Erfolgsgeschichten anderer Kunden oder innovative Anwendungen Ihres Produkts informiert. Die kontinuierliche Nutzung von Geschichten schafft eine langfristige Verbindung und fördert die Loyalität Ihrer Kunden.

Fazit: Die Reise durch die Welt des erfolgreichen Geschichtenerzählens im Verkauf

Die Welt des erfolgreichen Geschichten Erzählens im Verkauf ist vielschichtig und kreativ. Durch das gezielte Einsetzen verschiedener Techniken in den verschiedenen Phasen des Verkaufsprozesses können Sie nicht nur Kunden überzeugen, sondern auch langfristige und bedeutungsvolle Beziehungen aufbauen.

Beispiele für erfolgreiche Storytelling-Techniken

Tipp: Personalisieren Sie Ihre Geschichten, indem Sie sie an die individuellen Bedürfnisse und Erfahrungen Ihrer Kunden anpassen. Die Anwendung verschiedener Storytelling-Techniken ermöglicht es Ihnen, in verschiedenen Phasen des Verkaufsprozesses eine tiefere emotionale Verbindung herzustellen. Von der Einführung bis zur Nachbetreuung sollte jede Geschichte darauf abzielen, die Kundenreise als fesselnde Erzählung zu gestalten. Denken Sie daran, dass authentische Geschichten mit emotionalen Elementen nicht nur überzeugen, sondern auch eine langfristige Bindung schaffen. Nutzen Sie die Vielfalt der erfolgreichen Storytelling-Techniken, um Ihren Kunden nicht nur Produkte zu verkaufen, sondern auch unvergessliche Erlebnisse zu bieten.

NOTES

Kapitel 12

Die Psychologie des Preises

Preise sind mehr als bloße Zahlen – sie beeinflussen die Wahrnehmung, Entscheidungsprozesse und letztendlich den Erfolg Ihres Verkaufs. In diesem Kapitel werden wir die Psychologie des Preises erkunden, um zu verstehen, wie Kunden Preise wahrnehmen, welche Faktoren ihre Entscheidungen beeinflussen und wie Sie diese Erkenntnisse nutzen können, um erfolgreich zu verkaufen.

Der Einfluss der Wahrnehmung

Der wahrgenommene Wert eines Produkts oder einer Dienstleistung ist eng mit dem Preis verbunden. Kunden bewerten nicht nur das physische Produkt, sondern auch die Erfahrung, die es verspricht. Wir werden untersuchen, wie Sie durch kluges Preismanagement die Wahrnehmung Ihrer Angebote beeinflussen können. Dies reicht von der Preisplatzierung im Vergleich zu Konkurrenten bis hin zur Nutzung psychologischer Preisstrategien.

Preispsychologie und Entscheidungsprozesse

Kunden treffen ihre Kaufentscheidungen nicht nur auf Grundlage objektiver Faktoren, sondern auch durch emotionale und psychologische Einflüsse. Wir werden uns mit verschiedenen psychologischen Mechanismen befassen, darunter die Wirkung von Preisspannen, die Bedeutung von Dezimalzahlen und die psychologische Preisgrenze. Durch das Verständnis dieser Aspekte können Sie Ihre Preisstrategien gezielt anpassen, um Kunden in ihren Entscheidungsprozessen zu unterstützen.

Der Einfluss von Rabatten und Sonderangeboten

Rabatte und Sonderangebote sind mächtige Instrumente, um Kunden anzulocken, aber ihre Wirkung ist komplex. Wir werden analysieren, wie unterschiedliche Arten von Rabatten (prozentual, absolut, zeitlich begrenzt) auf die Kundenpsychologie wirken und wie Sie sie strategisch einsetzen können, um nicht nur den Umsatz zu steigern, sondern auch langfristige Kundenloyalität aufzubauen.

Die Rolle von Prestige und Exklusivität

Der Preis eines Produkts kann auch ein Symbol für Prestige und Exklusivität sein. Wir werden betrachten, wie Sie durch geschickte Preisgestaltung das Image Ihrer Marke beeinflussen können. Dies schließt Premium-Preisstrategien, begrenzte Auflagen und Luxusartikel ein. Kunden neigen dazu, den Wert höher zu schätzen, wenn sie das Gefühl haben, etwas Einzigartiges oder Exklusives zu erwerben.

Dynamische Preisgestaltung und Preisverhandlungen

In einer Welt, in der sich Märkte ständig verändern, ist die Fähigkeit zur dynamischen Preisgestaltung entscheidend. Wir werden die Prinzipien der flexiblen Preisstrategien erforschen, einschließlich der Anpassung an Angebot und Nachfrage, saisonale Einflüsse und individuelle Kundenverhandlungen. Die Kunst der erfolgreichen Preisverhandlung wird ebenfalls im Detail betrachtet.

Fazit: Die Kunst der Preisgestaltung

Die Psychologie des Preises ist eine subtile, aber entscheidende Komponente im Verkaufsprozess. Indem Sie die psychologischen Aspekte der Preiswahrnehmung verstehen und gezielt nutzen, können Sie nicht nur den Umsatz steigern, sondern auch das Vertrauen der Kunden gewinnen. In den kommenden Abschnitten werden wir uns durch konkrete Beispiele und praktische Tipps vertieft mit diesen Aspekten auseinandersetzen. Bereiten Sie sich darauf vor, die Kunst der Preisgestaltung zu beherrschen und Ihr Verkaufspotenzial zu maximieren.

NOTES

"One step at a time. You'll get there."

Pricing-Strategien zur Steigerung des Verkaufserfolg

Die Festlegung von Preisen ist nicht nur eine mathematische Übung, sondern eine komplexe Kunst, die direkten Einfluss auf den Verkaufserfolg hat. In diesem Kapitel werden wir verschiedene Pricing-Strategien erkunden, die darauf abzielen, nicht nur Umsätze zu steigern, sondern auch das Vertrauen der Kunden zu gew**innen und langfristige Beziehungen aufzubauen.**

Die **Differenzierungsstrategie** konzentriert sich darauf, den Kunden einen einzigartigen Wert zu bieten, der es ermöglicht, höhere Preise zu rechtfertigen. Dies kann durch einzigartige Produktmerkmale, exzellenten Kundenservice oder eine starke Marke erreicht werden. Die Differenzierung hebt Ihr Angebot von der Konkurrenz ab und ermöglicht es Kunden, den höheren Preis als gerechtfertigt zu empfinden.

Im Gegensatz dazu verfolgt die **Preisführerschaftsstrategie** das Ziel, die niedrigsten Preise in der Branche anzubieten. Diese Strategie zielt darauf ab, Kunden durch den attraktivsten Preis anzuziehen und Volumen zu generieren. Es erfordert effiziente Prozesse und Ressourcennutzung, um die niedrigeren Kosten zu ermöglichen und dennoch einen angemessenen Gewinn zu erzielen.

Pricing-Strategien zur Steigerung des Verkaufserfolgs

Die **Psychologische Preisbildung** nutzt Erkenntnisse aus der Verhaltensökonomie und der Psychologie, um die Wahrnehmung von Preisen zu beeinflussen. Dies kann das Anbieten von Produkten zu 99 Cent anstelle von 1 Euro oder die Betonung von "Sale"-Preisen umfassen. Die psychologische Preisbildung zielt darauf ab, Emotionen zu wecken und positive Assoziationen mit dem Angebot zu schaffen.

Die **Bündelungsstrategie** kombiniert Produkte oder Dienstleistungen zu einem Paket und bietet sie zu einem Gesamtpreis an, der niedriger ist als der Wert der Einzelteile. Diese Strategie fördert nicht nur den Absatz verschiedener Produkte, sondern ermöglicht es auch, höhere Gesamteinnahmen zu erzielen. Kunden fühlen sich dabei oft incentiviert, das Bündel zu kaufen, um von den vermeintlichen Einsparungen zu profitieren.

Eine effektive **Dynamische Preisgestaltung** passt die Preise in Echtzeit anhand von Faktoren wie Nachfrage, Angebot, saisonalen Schwankungen und individuellem Kundenverhalten an. Dies erfordert fortschrittliche Datenanalysen und Technologien, um optimale Preise festzulegen. Durch diese Anpassungsfähigkeit können Unternehmen ihre Gewinne maximieren und den Kundenbedürfnissen besser gerecht werden.

Pricing-Strategien zur Steigerung des Verkaufserfolgs

Die **Value-Based** Pricing orientiert sich an der wahrgenommenen Wertigkeit eines Produkts oder einer Dienstleistung für den Kunden. Diese Strategie berücksichtigt, wie Kunden den Nutzen eines Angebots einschätzen und setzt den Preis entsprechend. Wenn Kunden den Mehrwert erkennen, sind sie eher bereit, einen höheren Preis zu akzeptieren.

Abschließend ist die **Freemium-Strategie** eine immer beliebter werdende Methode. Sie bietet eine Basisversion eines Produkts oder einer Dienstleistung kostenlos an und verlangt für Premium-Funktionen oder zusätzliche Leistungen eine Gebühr. Diese Strategie ermöglicht es, eine breite Kundenbasis zu gewinnen, während zahlende Kunden erweiterte Funktionen erhalten.

Die Auswahl der richtigen Pricing-Strategie hängt von verschiedenen Faktoren ab, einschließlich der Art des Angebots, der Zielgruppe und des Wettbewerbsumfelds. In den kommenden Abschnitten werden wir uns detaillierter mit jeder dieser Strategien befassen und praktische Einblicke geben, wie sie erfolgreich implementiert werden können. Bereiten Sie sich darauf vor, Ihre Pricing-Strategie zu verfeinern und Ihren Verkaufserfolg zu steigern.

Tipp: Bei der Auswahl und Umsetzung von Pricing-Strategien ist es entscheidend, flexibel zu sein und die spezifischen Bedürfnisse Ihrer Zielgruppe zu verstehen. Verwenden Sie A/B-Tests und Datenanalysen, um die Wirksamkeit Ihrer Preisstrategien zu überprüfen und bei Bedarf Anpassungen vorzunehmen. Berücksichtigen Sie auch den kontinuierlichen Wandel von Marktbedingungen und Kundenpräferenzen. Durch das regelmäßige Überprüfen und Anpassen Ihrer Pricing-Strategie können Sie sicherstellen, dass sie immer noch optimal auf Ihre Geschäftsziele abgestimmt ist und Ihren Verkaufserfolg nachhaltig steigert.

NOTES

"One step at a time. You'll get there."

Psychologische Tricks zur Preisgestaltung

Die Kunst der Preisgestaltung umfasst mehr als die einfache Angabe von Zahlen. Psychologische Tricks spielen eine entscheidende Rolle, um die Wahrnehmung von Preisen zu beeinflussen und Kunden zum Kauf zu motivieren.

- **Charmepreise**: Verwenden Sie charmante Preise, die auf 9 oder 99 enden, anstelle von glatten Zahlen. Beispielsweise wirkt 19,99 Euro psychologisch attraktiver als 20 Euro. Diese Taktik spielt auf die psychologische Wahrnehmung von Preisen an und erzeugt den Eindruck eines besseren Deals.

- **Ankerpreise setzen**: Platziere bewusst einen höheren Ankerpreis vor dem tatsächlichen Preis. Wenn Kunden zuerst einen höheren Preis sehen und dann einen reduzierten Preis, empfinden sie diesen als günstiger. Diese Taktik nutzt den Vergleichseffekt, um den wahrgenommenen Wert zu steigern.

- **Kleine Schritte bei Preiserhöhungen**: Wenn Preiserhöhungen notwendig sind, setzen Sie kleine Schritte um. Ein Anstieg von 2,99 auf 3,49 Euro wird oft weniger negativ wahrgenommen als ein großer Sprung. Kunden neigen dazu, kleinere Erhöhungen eher zu akzeptieren.

Psychologische Tricks zur Preisgestaltung

- **Bundle-Angebote**: Bündeln Sie Produkte oder Dienstleistungen zu einem Gesamtpaket. Dies erzeugt nicht nur den Eindruck eines besseren Deals, sondern kann auch die Entscheidungsfreude der Kunden steigern, da sie mehr für ihr Geld bekommen.

- **Preisreduktion durch Hinzufügen**: Wenn möglich, fügen Sie kostenlose Extras hinzu, anstatt den Preis zu senken. Kunden empfinden dies oft als besseren Deal, da sie etwas "gratis" erhalten. Dies kann von kostenloser Lieferung bis zu Zusatzfunktionen reichen.

- **Verwendung von 99-Cent-Preisen**: Der Klassiker unter den psychologischen Tricks – Preise, die auf 99 Cent enden, wirken oft attraktiver für Kunden. Der sogenannte "Links-Effekt" führt dazu, dass Kunden den Preis eher nach links runden und denken, sie sparen mehr.

- **Zeitlich begrenzte Angebote**: Schaffen Sie Dringlichkeit, indem Sie zeitlich begrenzte Angebote anbieten. Kunden neigen dazu, impulsiver zu handeln, wenn sie das Gefühl haben, einen zeitlich begrenzten Deal zu verpassen.

Kapitel 14
Psychologische Tricks zur Preisgestaltung

Tipp: Integrieren Sie psychologische Tricks zur Preisgestaltung in Ihre Verkaufsstrategie, aber seien Sie dabei subtil und authentisch. Kunden erkennen oft manipulative Taktiken, die nicht transparent sind. Testen Sie verschiedene Ansätze, um zu sehen, welche am besten zu Ihrer Zielgruppe passt. Achten Sie darauf, dass die psychologischen Tricks den wahren Wert Ihrer Produkte oder Dienstleistungen unterstreichen, anstatt nur den Eindruck von Rabatten zu erwecken.

NOTES

Verkaufstechniken für maximale Überzeugungskraft

Der Schlüssel zu einem erfolgreichen Verkauf liegt nicht nur in einem herausragenden Produkt, sondern auch in den Fähigkeiten des Verkäufers, den Kunden zu überzeugen. In diesem Kapitel werden wir uns auf bewährte Verkaufstechniken konzentrieren, die maximale Überzeugungskraft erzeugen und zu nachhaltigen Verkaufserfolgen führen.

- **Die Kunst des Zuhörens:** Ein aufmerksamer Zuhörer zu sein, ist genauso wichtig wie das Präsentieren. Indem Sie die Bedürfnisse und Anliegen Ihrer Kunden verstehen, können Sie gezielter auf sie eingehen und maßgeschneiderte Lösungen präsentieren.

- **Bedarfsanalyse durch offene Fragen:** Durch geschicktes Stellen offener Fragen können Sie tiefergehende Informationen über die Bedürfnisse und Wünsche Ihrer Kunden erhalten. Dies ermöglicht es Ihnen, Ihr Angebot besser an ihre individuellen Anforderungen anzupassen.

- **Nutzenargumentation statt Merkmalspräsentation:** Statt nur die Merkmale Ihres Produkts zu präsentieren, betonen Sie die konkreten Vorteile und den Nutzen, den Ihre Kunden daraus ziehen. Zeigen Sie auf, wie Ihr Produkt ihre spezifischen Probleme lösen oder ihre Ziele erreichen kann.

Verkaufstechniken für maximale Überzeugungskraft

- Sympathie aufbauen: Investieren Sie Zeit, um eine persönliche Verbindung zu Ihren Kunden aufzubauen. Sympathie spielt eine entscheidende Rolle in Kaufentscheidungen. Ein authentischer, freundlicher und respektvoller Umgang kann das Vertrauen stärken und die Überzeugungskraft steigern.

- Einwandbehandlung als Chance: Einwände sind nicht zwangsläufig Hindernisse, sondern bieten Chancen zur weiteren Überzeugungsarbeit. Betrachten Sie Einwände als Anlass, genauer auf Bedenken einzugehen und zusätzliche Informationen bereitzustellen.

- Verknappung und Dringlichkeit: Durch das Schaffen von Verknappung und Dringlichkeit können Sie den Entscheidungsprozess beschleunigen. Begrenzte Angebote oder zeitlich begrenzte Aktionen regen Kunden dazu an, schneller zu handeln.

- Empathie zeigen: Kunden möchten das Gefühl haben, verstanden und geschätzt zu werden. Zeigen Sie Empathie, indem Sie sich in die Lage Ihrer Kunden versetzen und ihre Perspektive respektieren. Dies schafft eine positive Beziehung und erhöht die Überzeugungskraft.

Verkaufstechniken für maximale Überzeugungskraft

- Sympathie aufbauen: Investieren Sie Zeit, um eine persönliche Verbindung zu Ihren Kunden aufzubauen. Sympathie spielt eine entscheidende Rolle in Kaufentscheidungen. Ein authentischer, freundlicher und respektvoller Umgang kann das Vertrauen stärken und die Überzeugungskraft steigern.

- Einwandbehandlung als Chance: Einwände sind nicht zwangsläufig Hindernisse, sondern bieten Chancen zur weiteren Überzeugungsarbeit. Betrachten Sie Einwände als Anlass, genauer auf Bedenken einzugehen und zusätzliche Informationen bereitzustellen.

- Verknappung und Dringlichkeit: Durch das Schaffen von Verknappung und Dringlichkeit können Sie den Entscheidungsprozess beschleunigen. Begrenzte Angebote oder zeitlich begrenzte Aktionen regen Kunden dazu an, schneller zu handeln.

- Empathie zeigen: Kunden möchten das Gefühl haben, verstanden und geschätzt zu werden. Zeigen Sie Empathie, indem Sie sich in die Lage Ihrer Kunden versetzen und ihre Perspektive respektieren. Dies schafft eine positive Beziehung und erhöht die Überzeugungskraft.

Verkaufstechniken für maximale Überzeugungskraft

- Körpersprache und Stimme nutzen: Ihre Körpersprache und Stimme sind mächtige Werkzeuge der Überzeugung. Achten Sie darauf, eine offene Körperhaltung einzunehmen und Ihre Stimme gezielt einzusetzen, um Ihre Botschaft zu betonen.
- Abschlusstechniken beherrschen: Entwickeln Sie Techniken, um den Abschluss geschickt zu führen. Dies könnte die gezielte Frage nach dem Abschluss sein oder das Präsentieren zusätzlicher Anreize, um die Entscheidung zu fördern.

Diese Verkaufstechniken, wenn geschickt eingesetzt, können nicht nur die Überzeugungskraft steigern, sondern auch die Kundenbindung fördern.

"Die Kunst des Überzeugens im Verkauf"

In unserem Streben nach Verkaufserfolg haben wir uns durch die entscheidenden Kapitel dieses Buches bewegt, die sich mit den Kernprinzipien und Techniken der Überzeugungskraft im Verkauf auseinandersetzten. Von psychologischen Grundlagen bis zu fortgeschrittenen Verkaufsstrategien haben wir die Werkzeuge erkundet, die Verkäufer benötigen, um nicht nur Produkte zu verkaufen, sondern auch Kundenbeziehungen aufzubauen.

Wir begannen mit den "Psychologischen Grundlagen des Überzeugens", wo wir tiefer in die menschliche Psyche eintauchten und die Grundprinzipien beleuchteten, die den Kaufentscheidungen zugrunde liegen. Die Erkenntnisse über Emotionen, Vertrauen und die Rolle von Geschichten legten den Grundstein für unseren Überzeugungskunst-Workshop.

Die nachfolgenden Kapitel führten uns durch die Feinheiten des Verkaufsprozesses. Wir erforschten die "Psychologischen Prinzipien im Verkaufsprozess", enthüllten "Die Macht von Emotionen im Verkauf" und vertieften uns in "Die Bedeutung von Vertrauen und Glaubwürdigkeit". Jedes dieser Kapitel präsentierte konkrete Strategien, um Kunden zu begeistern, zu überzeugen und nachhaltige Beziehungen aufzubauen.

Abschluss

Unsere Reise führte uns weiter zu den subtilen, aber wirkungsvollen "Psychologischen Tricks zur Preisgestaltung". Hier erfuhren wir, wie Preise nicht nur Zahlen sind, sondern auch ein Schlüssel zum Überzeugungserfolg. Wir entdeckten die Psychologie hinter Charmepreisen, Ankerpreisen und zeitlich begrenzten Angeboten.

Schließlich tauchten wir ein in "Verkaufstechniken für maximale Überzeugungskraft", wo die Kunst des Zuhörens, die Macht des Storytellings und die geschickte Behandlung von Einwänden den Unterschied zwischen einem Verkauf und einer dauerhaften Kundenbindung ausmachten.

Abschlusswort:

In dieser Reise durch "Die Kunst des Überzeugens im Verkauf" haben wir nicht nur Methoden und Strategien erkundet, sondern auch das Wesen des Verkaufs verstanden. Es geht nicht nur darum, ein Produkt zu verkaufen, sondern darum, Vertrauen aufzubauen, Bedürfnisse zu verstehen und Geschichten zu erzählen, die das Herz der Kunden berühren.

Die Kunst des Überzeugens ist keine starre Wissenschaft, sondern eine lebendige, sich entwickelnde Fähigkeit. Sie erfordert Einfühlungsvermögen, Anpassungsfähigkeit und den ständigen Willen zur Verbesserung. Möge dieses Buch nicht nur ein Ratgeber sein, sondern ein Begleiter auf Ihrer Reise zur Meisterschaft im Verkauf.

Möge jede Technik, jedes Prinzip und jede Strategie, die Sie hier gefunden haben, Ihr Repertoire stärken und Ihnen helfen, nicht nur Produkte zu verkaufen, sondern auch bleibende Verbindungen mit Ihren Kunden aufzubauen.

In der Welt des Überzeugens liegt die wahre Kunst darin, nicht nur zu verkaufen, sondern auch zu inspirieren, zu beeindrucken und letztendlich dauerhaft im Gedächtnis Ihrer Kunden zu bleiben. Viel Erfolg auf Ihrer Reise!

NOTES

"One step at a time. You'll get there."

NOTES

"One step at a time. You'll get there."

"One step at a time. You'll get there."

NOTES

"One step at a time. You'll get there."

"One step at a time. You'll get there."

NOTES

"One step at a time. You'll get there."

NOTES

NOTES

"One step at a time. You'll get there."

NOTES

"One step at a time. You'll get there."